JUNIOR REGNBÅGE

FÄRGER AV KATTER

INTRODUKTION AV FÄRGER TILL UNGA SINNEN

AV RAINBOW ROY

JUNIOR REGNBÅGE

FÄRGER AV KATTER

INTRODUKTION AV FÄRGER TILL UNGA SINNEN

AV RAINBOW ROY

Regnbågen är fylld med alla möjliga färger.

Tillsammans ska vi utforska färger och även lära oss om katter.

RÖD

Röd, som Abessinierkatten.

ORANGE

Orange, som en tabby katt.

GUL

Gul, som
en siames.

GRÖN

Grönt, som
ögonen på en
egyptisk maukatt.

BLÅ

Blå, som en rysk blå katt.

INDIGO

Indigo, gillar den här kattleksaken.

LILA

Lila, som den här kattens halsband.

Låt oss nu titta
på några andra
färger, utanför
regnbågen!

ROSA

Rosa, som en
Sphynx-katt.

BRUN

Brun, som en bengalisk katt.

VIT

Vit, som en
turkisk angora.

SVART

Svart, som en Bombay-katt.

GRÅ

Grå, som en brittisk korthår.

Nu ska vi se vad du har lärt dig!

Vilken färg har denna katt?

Denna katt är orange och vit.

Vilken färg har denna katt?

Den här katten
är grå.

Vilken färg har dessa kattens ögon?

Hans ögon är gula.

Du är så smart! Fortsätt alltid att lära dig, och glöm aldrig din kärlek till att lära.